The Beginning

El Comienzo

MISS BEBE COMES TO AMERICA
LA BEBÉ LLEGA A ESTADOS UNIDOS

Story by/ Historia escrita por Lynda Humphrey

Illustrations by/ Ilustrada por Judi Nyerges

Translated by/ Traducida por Patti Sosa Hands

CIRQUE PRESS

Copyright © 2023 by Lynda Humphrey
Cover and illustrations copyright © 2023 by Judi Nyerges
This book is a publication of Circles, an imprint
of Cirque Press, Anchorage, Alaska.
All rights reserved.
No part of the text or illustrations may be reproduced
by any means without written permission of the publisher.
However, brief quotations may be used for review purposes.
ISBN: 979-8-89074-407-4

Printed in the United States of America
Circles
c/o Cirque Press
Sandra Kleven, Publisher
Michael Burwell, Editor
3157 Bettles Bay Loop
Anchorage, AK 99515
cirquejournal@gmail.com
www.cirquejournal.com
907.764.1945

Graphic Design:
Carly Egli
Photo Credits:
Miss Bebe on the computer, Lynda Humphrey
Lynda Humphrey with sombrero, Larry Humphrey
Drawing of the illustrator, Judi Nyerges
Lynda Humphrey back cover, Cynthia Lee Steele

DEDICATION

To my wonderful husband Larry, our sons Brandon and Matthew, and my three grandchildren: Daniel, Andrew, and Sheridan. May they always remember our Bebe girl with the big eyes and the even bigger personality! This book is also dedicated to the most incredible, smart, clever, amazing cat I've ever been fortunate to know! She is the true inspiration for this book! Read on to meet this incredible little girl and be prepared to fall in love.

Miss Bebe Humphrey: January 10, 2003 – September 6, 2016

DEDICATORIA

A mi maravilloso esposo Larry, nuestros hijos Brandon y Matthew, y a mis tres nietos: Daniel, Andrew, y Sheridan. Deseo que siempre recuerden a nuestra niña Bebé con sus grandes ojos y su aún más grande personalidad. Este libro también está dedicado a la más increíble, lista, astuta y asombrosa gata que jamás he tenido la fortuna de conocer. ¡Ella es la verdadera inspiración para este libro! Léelo para conocer a esta increíble gatita y prepárate para enamorarte de ella.

La Bebé Humphrey: Enero 10, 2003 – Septiembre 6, 2016

Hello!

My name is Miss Bebe, I was born in Puerto Vallarta, Mexico. I am Mexican, but I'm also an American Citizen... I live in Seattle, Washington, USA.

How can that be?

Let me tell you my story...

¡Hola!

Mi nombre es Bebé. Nací en Puerto Vallarta, Jalisco, México. Soy mexicana, pero también soy ciudadana americana... Vivo en Seattle, Washington, EUA.

¿Cómo puede ser eso?

Déjame contarte mi historia...

One very hot and sunny day, Mom and Dad found me in their courtyard at their house in Mexico. I was only six months old - - just a baby kitten. I was hot and hungry and thirsty and scared. I was crying a lot because I was so frightened. Where was I? What was happening to me? Where could I find some water? Oh, I needed help in a big way.

En un día muy caluroso y soleado, Mamá y Papá me encontraron en el patio de su casa en México. Yo sólo tenía seis meses de edad, sólo era una pequeña gatita. Tenía calor y hambre y sed y miedo. Lloraba mucho porque estaba muy asustada. ¿Dónde estaba yo? ¿Qué me estaba pasando? ¿Dónde podría encontrar algo de agua? Oh, necesitaba ayuda… y de gran manera.

Someone had left me there in the courtyard. I remember they said to me, "Little Kitty, I am so sorry we can't keep you. I hope you find someone here to take care of you." I did not know what that meant. But I learned.

Alguien me había dejado ahí en el patio. Recuerdo que me dijeron, "Pequeña gatita, lo siento mucho pero no nos podemos quedar contigo. Espero que encuentres a alguien que te pueda cuidar." Yo no sabía lo que eso quería decir. Pero pronto aprendí.

A man and a woman came into the courtyard that afternoon. I did not know who they were, but they picked me up very gently and took me inside their home. They fed me, gave me fresh water, and loved me. They were my new human parents. I called them Mom and Dad.

Un hombre y una mujer entraron al patio esa tarde. Yo no sabía quiénes eran, pero me levantaron muy suavemente y me metieron a su casa. Me dieron de comer, me dieron agua fresca y me dieron amor. Se convirtieron en mis nuevos papás humanos. Y yo los llamé Mamá y Papá.

Mom took me to see Dr. Sánchez. He's also called a veterinarian. He made sure I was healthy and got all of my vaccinations.

Mamá me llevó a ver al Doctor Sánchez. También le dicen veterinario. Él se aseguró que estuviera sana y que recibiera todas mis vacunas.

My Mom and Dad took very good care of me. I loved to snuggle with them when it was time to go to bed.

Mi Mamá y mi Papá me cuidaron muy bien. Me encantaba acurrucarme con ellos a la hora de ir a la cama.

My life was not easy before I found my new Mom and Dad. Someone had kicked me when I was very little and hurt me. My bones did not heal right, and that's why I have a little limp when I run. I had to search for food and water. I was living on the streets without a home of my own. It was very, very hard.

Mi vida no era fácil antes de que me encontrara a mis nuevos Mamá y Papá. Alguien me había pateado cuando era muy chiquita y me habían lastimado. Mis huesos no sanaron bien, y por eso cojeo un poquito cuando corro. Tenía que buscar comida y agua. Estaba viviendo en la calle sin un hogar propio. Era muy, muy difícil.

Mom and Dad gave me my own lounge chair on the terrace. I would lie there in the hot Mexican sunshine and turn my belly to the sun and happily take my naps. I thought we would live in Mexico forever!

Mamá y Papá me dieron mi propio sillón en la terraza. Ahí me acostaba en el caluroso sol mexicano y me ponía de panza al sol, y muy feliz me echaba mis siestas. ¡Yo pensé que viviríamos en México por siempre!

One day, I wanted an adventure. I ran down the stairs, across the courtyard, and out through the gate to the busy street. So many cars going fast. I closed my eyes and ran across that street as fast as I could. Horns honked and a car went, Screech. But I made it. I am a lucky kitty. Then, through the fence, I saw wild kitties. I used to be wild, too!

Un día, se me ocurrió buscar una aventura. Bajé las escaleras corriendo, atravesé el patio, y salí por la reja hacia la ruidosa calle. Había tantos carros y todos iban rápido. Cerré los ojos y atravesé la calle tan rápido como pude. Los carros sonaban su claxon y uno de ellos se tuvo que frenar frente a mí. Pero lo logré. Soy una gatita muy suertuda. De repente, a través de una reja yo vi gatitos salvajes. Yo también era salvaje antes.

So, I jumped through the fence and said, "Hi, everybody!" It was terrible. They didn't want me. The big cat growled at me and another big cat hissed. I ran for the fence. My mom was waiting for me. I was so glad to see her.

Así que yo me brinqué la reja, y dije, "¡Hola todos!" Fue terrible. No me querían. El gato grande me gruñó y otro gato grande me escupió. Corrí hacia la reja. Mi mamá me estaba esperando. Me dio tanto gusto verla.

Music is everywhere in Mexico. Workmen sing while building houses. Bands march through neighborhoods playing music. People sing, radios play. It makes you feel like dancing! I used to dance on the red tile rooftops of Puerto Vallarta! From our terrace I would climb and jump from one ledge to another until I was on the roof. There, I could see the ocean and I would DANCE! Oh, it was so much fun! I loved it up on the roof! It was easy to get back home… just a Kittie-hop, skip and a jump back into my terrace!

En México, la música está en todas partes. Los obreros cantan mientras construyen casas. Las bandas marchan por el vecindario tocando música. La gente canta, los radios suenan con música. ¡Te dan ganas de bailar! ¡Yo siempre bailaba en esos techos de tejas rojas de Puerto Vallarta! Desde nuestra terraza, yo me trepaba y brincaba de un techito a otro hasta que llegaba a la azotea. Ahí, ¡yo podía ver el océano y me ponía a BAILAR! ¡Era tan divertido! ¡Me encantaba estar en la azotea! Y era fácil regresar a casa... Un brinquito para acá, otro brinquito para allá... ¡Y con otro salto ya estaba de regreso en mi terraza!

One day, I heard my parents talking. Then, Mom said, "Little B, our time in Mexico this year is ending. We must make plans to return to our home. We are taking you with us! You will have a new home with us in America.

Un día escuché a mis papás hablando. Luego, Mamá dijo, "Pequeña B, nuestro tiempo en México este año está por terminar. Debemos hacer planes para regresar a nuestro hogar. ¡Y te vamos a llevar con nosotros! Tú vas a tener un nuevo hogar con nosotros en Estados Unidos.

Oh my goodness, I had so many questions: America? What's that? Where is it? Mom said, "Little B, America is a long way away, but you will like it there. We will fly in an airplane to get there!" I thought: "Fly in an airplane? What's that?"

¡Santos cielos! Tenía yo tantas preguntas: ¿Estados Unidos? ¿Qué es eso? ¿Dónde está eso? Mamá me dijo, "Pequeña Bebé, Estados Unidos está muy lejos, pero te va a gustar mucho. ¡Vamos a volar en un avión para llegar allá!" Y yo pensé: "¿Volar en un avión? ¿Qué es eso?"

This sounded scary to me, but Mom said, "Don't worry Little B, we will take good care of you." They were taking me with them. I was going to America!

Esto me estaba dando miedo, pero Mamá dijo, "No te preocupes Pequeña B, nosotros te vamos a cuidar muy bien." Me estaban llevando con ellos. ¡Yo iba a ir a Estados Unidos!

First, we had to get papers. My Mom called them "Documents." Dr. Sánchez had to examine me and make sure I was in good health. He poked and pressed and felt all over my body. But he kept saying, "OK, that's good." That helped me relax.

Then Dr. Sánchez wrote a letter saying I was in good health.

Primero, teníamos que sacar nuestros papeles. Mi Mamá los llamó "Documentos." El Dr. Sánchez tuvo que examinarme y asegurarse que yo estuviera muy sana. Él me toco y revisó todo mi cuerpecito. Pero seguía diciendo, "OK, eso está bien." Eso me ayudó a relajarme.

Y luego el Dr. Sánchez escribió una carta que decía que yo tenía buena salud.

He gave my Mom papers that listed all of my vaccinations. Dr. Sánchez said the papers were all very important, but the most important one was proof of my Rabies Vaccination.

Dr. Sánchez gave us a copy of his Medical Certification as a Doctor of Veterinary Medicine in Mexico. More Paperwork!

Él le dio a mi Mamá los papeles con la lista de todas mis vacunas. El Dr. Sánchez dijo que todos los papeles eran importantes, pero que el más importante era el de mi Vacuna Contra la Rabia.

El Dr. Sánchez nos dio una copia de su Certificado Médico como Doctor de Medicina Veterinaria en México. ¡Más papeles!

Then Dad bought my airplane ticket. I had my very own airplane ticket!

We were going to America!

They also got a special kennel for me to ride in. It was soft leather with nice soft towels inside so I could be comfortable for the long journey.

I was going to America!

Luego Papá compró mi boleto de avión. ¡Yo tenía mi propio boleto de avión!

¡Íbamos camino a Estados Unidos!

También me compraron una casita especial para que yo viajara. Era de cuero suavecito con toallas suavecitas adentro para que yo estuviera cómoda durante el largo viaje.

¡Yo iba camino a Estados Unidos!

The big day finally arrived! We were flying to America.

Mom and Dad closed up the house in Mexico. A friend drove us to the airport. I was so excited but I tried to be calm and act "grown up."

¡El gran día finalmente llegó! Íbamos a volar a Estados Unidos.

Mamá y Papá cerraron la casa en México. Y un amigo nos llevó al aeropuerto. Yo estaba muy emocionada, pero traté de estar calmada y actuar como "adulto."

We had to check-in at the airport, and go through security! Mom had to take me out of the kennel and carry me around the x-ray machines. I was nervous. I wanted to jump out of my Mom's arms. The machines were scary and there were strange people looking at me. Mom held me tight.

Dad took care of the luggage and helped us gather our things. Soon, I was back in my kennel, and we were on our way to the plane.

Tuvimos que registrarnos en el aeropuerto y pasar por Seguridad. Mamá tuvo que sacarme de la casita para pasar por la máquina de Rayos X. Yo estaba nerviosa. Quería saltar para zafarme de los brazos de mi Mamá. Las máquinas me daban miedo y había gente extraña mirándome. Mamá me sujetó más fuerte.

Papá se encargó de las maletas y nos ayudó a recoger nuestras cosas. Y en seguida, yo estaba de regreso en mi casita, e íbamos camino al avión.

We had to wait for two hours before we could get onto our plane! I was tired and hungry, and the waiting made me wonder if we would ever get going. Soon they called us for our flight. We were getting onto the plane!

We were going to America!

¡Tuvimos que esperar dos horas antes de poder subirnos al avión! Yo estaba cansada y tenía hambre, y la espera me hizo pensar si en algún momento nos íbamos a poder ir. Pronto anunciaron nuestro vuelo para empezar a abordar.

¡Íbamos a llegar a Estados Unidos!

We found our seats. I stayed in my kennel on the floor at my Mom's feet. It was a little snug down there, but I could see Mom's feet. That made me happy, and I felt safe! She talked to me and said, "Little B, everything is just fine! Hang on Little B, we're going to make it." Sometimes she would put her fingers through the breathing holes and tickle me! I liked that!

Encontramos nuestros asientos. Yo me quedé en mi casita en el piso junto a los pies de mi mamá. Estaba muy guardadita, pero podía ver los pies de Mamá. ¡Eso me hizo muy feliz, y me sentí segura! Ella me habló y me dijo, "Pequeña B, todo está bien! Aguanta Pequeña B, todo va a estar bien." A veces ella me hacía cosquillas a través de los hoyos de la casita. ¡Eso me gustó mucho!

After five hours of flying high in the sky, we landed!

¡Después de cinco horas de vuelo en las alturas, aterrizamos!

We had to go through "Customs and Immigration." I was watching all of this from inside my little kennel. I heard Mom whisper to Dad, "I hope everything goes smoothly. I'm worried." Me too!

Tuvimos que pasar por "Aduanas e Inmigración." Yo estaba observando todo esto desde dentro de mi pequeña casita. Escuché a Mamá susurrarle a Papá, "Espero que todo salga bien. Estoy preocupada." ¡Yo también!

The Customs Agent was very serious and looked over all of my papers and very sternly said to my Mom, "Show me where it says she has had her Rabies vaccination." Mom showed him the papers and the Customs Agent said, "This is all in Spanish!" Mom said, "We just came from Mexico! Look right here, it says Rabia … that's Rabies in Spanish Sir." Then he smiled and said, "Thank you. Welcome Home." I was so happy to hear those words! "Welcome Home." We were home!

El Agente de Aduanas estaba muy serio y miró todos mis papeles y muy severamente le dijo a mi mamá, "Muéstrame dónde dice que tiene su vacuna contra la Rabia." Mamá le mostró los papeles y el Agente de Aduanas dijo, "¡Esto está todo en español!" Mamá dijo, "¡Acabamos de llegar de México! Mira, aquí dice Rabia… eso significa Rabia en español, Señor. Entonces el agente sonrió y dijo, "Gracias. Bienvenidos a casa." ¡Estaba yo tan feliz de oír esas palabras! "Bienvenidos a casa." ¡Estábamos en casa!

A friend met us with his car. He drove us to our home in America! I was tired of being inside my kennel and wanted to get out. Dad said, "It won't be long now."

Un amigo nos recogió en el aeropuerto con su coche. ¡Nos llevó a nuestra casa en Estados Unidos! Yo estaba cansada de estar dentro de mi casita y quería salir. Papá me dijo, "Ya no falta mucho."

Finally, we were home. Mom carried me inside, opened the kennel, and let me out to explore! I couldn't believe my eyes!

Finalmente, estábamos en casa. Mamá me llevó adentro, abrió la casita, ¡y me dejó salir a explorar! ¡No podía creer lo que estaban viendo mis ojos!

And I, Miss Bebe, born in Mexico … was now living in America!

A Happy, Mexican-American CAT!

Y yo, la Bebé, nacida en México… ¡ahora estaba viviendo en los Estados Unidos de América!

¡Una feliz GATITA mexicana-americana!

The Back Story

My husband and I have visited Puerto Vallarta, Mexico for 25 years minus one, 2020…The Year of Covid! We stay for two to three months. It was during our stay one year when this little kitten was placed into our courtyard while we were out. That began our life with Miss Bebe, and our life has never been the same. She was a feral kitten. Her veterinarian in Puerto Vallarta deemed her to be about six months old. It was a lot of work on her part and ours to help her domesticate. She was the brightest kitty we've ever had. She loved to play hide and seek and soccer with us. She was charming, clever, curious, loving and had the biggest eyes. We were privileged to have her in our life for 13 years and we always smile at the mention of her name. Her life in America, life at the L&L Ranch, surviving the Big Fire… all are stories yet to be told. Stay tuned… you will fall in love with Miss Bebe!

La Historia Detrás de La Historia

Mi esposo y yo hemos visitado Puerto Vallarta, México desde hace casi 25 años, menos uno, el 2020, ¡el Año del Covid! Nos quedamos de dos a tres meses. Fue durante una de estas visitas, mientras estábamos fuera de casa, cuando esta pequeña gatita fue dejada en nuestro patio. Así empezó nuestra vida con La Bebé, y nuestra vida jamás volvió a ser la misma. Ella era una gata salvaje. Su veterinario en Puerto Vallarta estimó que tenía como seis meses de edad. Nos costó mucho trabajo, tanto a ella como a nosotros, que se domesticara. Era la gatita más brillante que habíamos tenido. Le encantaba jugar a las escondidillas y jugar futbol con nosotros. Era encantadora, lista, curiosa, amorosa, y tenía los ojos muy grandes. Fue un privilegio tenerla en nuestra vida por 13 años y siempre la recordaremos con una gran sonrisa. Su vida en los Estados Unidos, su vida en el rancho, cómo sobrevivió el Gran Incendio… todas son historias que aún están por contarse. ¡Espérenlas… se van a enamorar de La Bebé!

Acknowledgments

I would like to acknowledge many people who helped in the creation of this book:

A Huge Thank You to my editors and publishers Sandra Lantz Kleven in Anchorage, Alaska, and Michael Burwell in Taos, New Mexico. My Associate Editor Cynthia Lee Steele of Anchorage, Alaska. My illustrator Judi Nyerges, a classmate and friend since junior high school who lives on Whidbey Island, Washington. My friend and translator Patti Sosa Hands in Cancún, Mexico. My friend Luz María Zavala López who loved Miss Bebe in Puerto Vallarta. My friends María Guadalupe López-Peterson  of Chelan, Washington, Jimmy Phetteplace of Pateros, Washington, and Silvia Figueroa Medina of Wichita, Kansas who reviewed the Spanish for ease and flow of readability. A special thanks to Miss Sheridan Grace Humphrey, age 7, who listened as I read the book to her—she gave it a "thumbs up!" And a thank you to all of my friends.

Reconocimientos

Me gustaría dar reconocimiento a muchas personas que ayudaron a la creación de este libro:

Un enorme agradecimiento a mis editores y Sandra Lantz Kleven en Anchorage, Alaska, y Michael Burwell en Taos, Nuevo México, mi editor asociado Cynthia Lee Steele de Anchorage, Alaska, mi ilustradora Judi Nyerges, una compañera de clases y amiga desde la Escuela Secundaria, que vive en Isla Whidbey, Washington. Mi amiga y traductora Patti Sosa Hands en Cancún, México. Mi amiga Luz María Zavala López que amaba a la Bebé en Puerto Vallarta. Mis amigos María Guadalupe López-Peterson de Chelan, Washington, Jimmy Phetteplace de Pateros, Washington y Silvia Figueroa Medina de Wichita, Kansas, que revisaron la versión en español en cuanto a facilidad y fluidez de lectura. Un agradecimiento especial a Miss Sheridan Grace Humphrey, edad 7 años, quien me escuchó cuando le leí el libro, y me dio el "visto bueno". Y un agradecimiento a todos mis amigos.

About the Author

Lynda Whisman Humphrey is a retired Elementary Principal, former Reading Specialist, Central Office Administrator, and Administrator of a Teacher Education Program at the University of Washington. She is a graduate of Bothell High School and the University of Washington. She is an inductee on the Northshore Wall of Honor, A "Dancing With The Stars" dancer, a private pilot on land and floats, and a career educator working with students from age 4 to the university level. She and her husband spend their summers on their 68-acre ranch in the Methow Valley of Washington State, her winters in Puerto Vallarta, Mexico, and once in a while at the Seattle house. She loves seeing eyes light up with the "AHA" moment of learning. She describes herself as a "learning junkie" constantly seeking new information. She loves to travel and explore architecture, culture, music, food, traditions, and the people of different countries. She has a very fond place in her heart for Mexico and animals!

Acerca de La Autora

Lynda Whisman Humphrey es una Directora de Primaria retirada, Especialista en Lectura, Administradora de la Oficina Central y Administradora del Programa de Educación para Maestros en la Universidad de Washington. Es graduada de Bothel High School y de la Universidad de Washington. Fue ingresada en el Cuadro de Honor de Northshore, bailó en "Bailando con las Estrellas", fue piloto privado de aviones e hidroplanos, y educadora de carrera trabajando con alumnos desde pre-escolar hasta nivel universitario. Ella y su esposo pasan sus veranos en su rancho de 68 acres en el Valle de Methow, en el estado de Washington, sus inviernos en Puerto Vallarta, México, y de vez en cuando en su casa de Seattle. ¡Le encanta ver cómo se ilumina una cara en el momento AJÁ del aprendizaje! Ella se describe como una adicta al aprendizaje, buscando constantemente nueva información. Le encanta viajar y explorar la arquitectura, la cultura, la música, la comida, las tradiciones y la gente de diferentes países. Tiene un lugar muy especial en su corazón por México y por los animales.

About the Illustrator

Born and raised in Seattle, Washington, Judi Nyerges attended High School in Bothell with both Lynda (the author) and Sandra (the publisher) of this book (Go Cougars, '63). She studied art and theater at the University of Washington before joining the US Marine Corps. After serving three years as a Marine, Judi Nyerges married, moved to Michigan, had a daughter and used her GI Bill money to finish the education she started thirty-three years before. At one time, she and her daughter were both working towards their college degrees. At the age of 51, she was newly graduated, a single working mother, and a first-year high school teacher. At Rockford High School near Grand Rapids, she taught Art Design, Pottery and Jewelry Casting. After retiring, she moved back to Washington State and joined the Sketchers, illustrating what she sees all around her, drawing the things she loves. She has lots of subjects from which to choose, as she lives on Whidbey, a beautiful rural island in the Salish Sea surrounded by mountains and woods. Judi's life has come full circle. From Bothell—a quaint, one stop-light town by a river, to Rockford—a quaint, one stop-light town near a big lake, to Langley—a quaint, no stop-light, village by the sea.

Acerca de La Ilustradora

Judi nació y se crió en Seattle, Washington, donde asistió a la escuela Secundaria y Prepatoria en Bothell junto con Lynda, la autora y Sandra, la editora de este libro (Go Cougars '63). Ella estudió Arte y Teatro en la Universidad de Washington, antes de enlistarse en la Marina de los Estados Unidos. Después de servir tres años en la Marina, Judi Nyerges se casó, se mudó a Michigan, tuvo una hija y utilizó el dinero otorgado por la Marina para terminar los estudios que había comenzado 33 años antes. En cierta época, tanto ella como su hija estudiaban para obtener su grado universitario. A la edad de 51 años, ella estaba recién graduada, era madre soltera y trabajaba como maestra de escuela preparatoria. En la Escuela Preparatoria Rockford, cerca de Grand Rapids, ella enseñaba Diseño de Arte, Cerámica y Vaciado de Joyería. Después de retirarse, ella se mudó de regreso al estado de Washington donde se unió a Sketchers, ilustrando todo lo que ve a su alrededor y dibujando las cosas que ella ama. Ella tiene muchos temas de dónde escoger, ya que vive en Whidbey, una hermosa isla rural en el Mar Salish, rodeada de montañas y bosques. La vida de Judi ha completado el círculo. De Bothell – un pueblo pintoresco con un solo semáforo de tránsito, a orillas de un río, a Rockford – un pueblo pintoresco con un solo semáforo de tránsito, cerca de un gran lago, a Langley, -- un poblado pintoresco sin semáforos, junto al mar.

About the Translator

Patti Sosa Hands is my dear talented friend. She has been a copywriter, copy chief, editor and an English and Spanish teacher in Mexico City, in Los Angeles and in Puerto Vallarta for almost 50 years. She is currently working with restaurant servers, tour guides and interval ownership agents, teaching them Occupational English, in the paradise called Cancun, in the Riviera Maya. She was instrumental in starting the program in Puerto Vallarta called "The Children of the Dump." Born in Monterrey, Mexico, she has lived in many places in Mexico, the USA and Canada. She understands the language and culture of all three countries, and currently resides in Cancun, Mexico.

Acerca de La Traductora

Patti Sosa Hands es mi querida y talentosa amiga. Ella ha sido redactora, jefe de redacción, editora y maestra de Inglés y de Español en la Ciudad de México, en Los Ángeles y en Puerto Vallarta por casi 50 años. Actualmente trabaja con servidores de la industria hotelera, restaurantera y de tiempo compartido, enseñándoles Inglés Ocupacional, en el paraíso llamado Cancún, en la Riviera Maya. Fue de las primeras colaboradoras en el programa llamado "Los Niños del Basurero", en Puerto Vallarta. Nacida en Monterrey, México, ella ha vivido en varios lugares de México, los Estados Unidos y Canadá. Entiende y domina el lenguaje y la cultura de estos tres países. Actualmente vive en Cancún, México.

About Circles

Circles is an imprint of Cirque Press designed for illustrated books. Look to these engaging books for imagined life, fun and fantasy, mystery and music. Circles brings the singing of the spheres, the clock of the seasons, the mirth of the hyena, and the renewal of legend.

Sandra Kleven ~~~ Michael Burwell

publishers and editors

CIRCLES

Illustrated books from Cirque Press

Baby Abe: A Lullaby for Lincoln by Ann Chandonnet (2021)

Miss Tami, Is Today Tomorrow? by Tami Phelps (2021)

Miss Bebe Comes to America by Lynda Humphrey (2022)

More Praise

Miss Bebe is a delightful story from a new author. Miss Bebe, a lost Mexican cat, is found by an American family and is adopted and brought to a new life as a Mexican-American. Readers will enjoy her journey as told through her eyes and native language as well as her new tongue. The illustrations reflect her cultural heritage. A perfect bedtime read for young listeners. Could there be more adventures coming for Miss Bebe?

—Bud Cudmore, Elementary School Librarian, retired

I loved this sweet Bebe story told from the perspective of an abandoned kitten in Mexico who finds a new home. Told in both English and Spanish, children learn the things to do to keep an animal healthy and happy and what it takes to take an animal to the US. Kids will love Ms. Bebe.

—Tobe Jensen, Ph.D. Educator and Organizational Development Consultant

This book brings joy and happiness to the reader as you go along with Miss Bebe who shares her story of coming to America.

—Diane Gwynne, Parent and Elementary Educator

Más elogios para

La Bebé es una encantadora historia de una autora nueva. La Bebé, una gatita mexicana perdida, es encontrada por una familia americana, adoptada y llevada a una vida nueva como mexicana-americana. Los lectores disfrutarán su viaje, contado a través de sus ojos en su lengua materna así como su nuevo idioma. Las ilustraciones reflejan su herencia cultural. Es una lectura ideal para los pequeños antes de acostarse a dormir. ¿Vendrán más aventuras para La Bebé?

>—Bud Cudmore, Bibliotecario de Escuela Primaria, retirado

Me encantó esta dulce historia de la Bebé, contada desde la perspectiva de una gatita abandonada en México que encuentra un nuevo hogar. Contada tanto en inglés como en español, los niños aprenden lo que hay que hacer para mantener a un animal sano y feliz, y lo que se requiere para llevar a un animal a los Estados Unidos. A los niños les encantará La Bebé.

>—Tobe Jensen, Doctorado en Educación y Consultora en Desarrollo Organizacional

Este libro brinda gozo y felicidad al leer la historia que comparte La Bebé acerca de su llegada a Estados Unidos.

>—Diane Gwynne, Madre y Maestra de Primaria

The End

FIN

www.ingramcontent.com/pod-product-compliance
Lightning Source LLC
LaVergne TN
LVHW070437070526
838199LV00015B/534